W

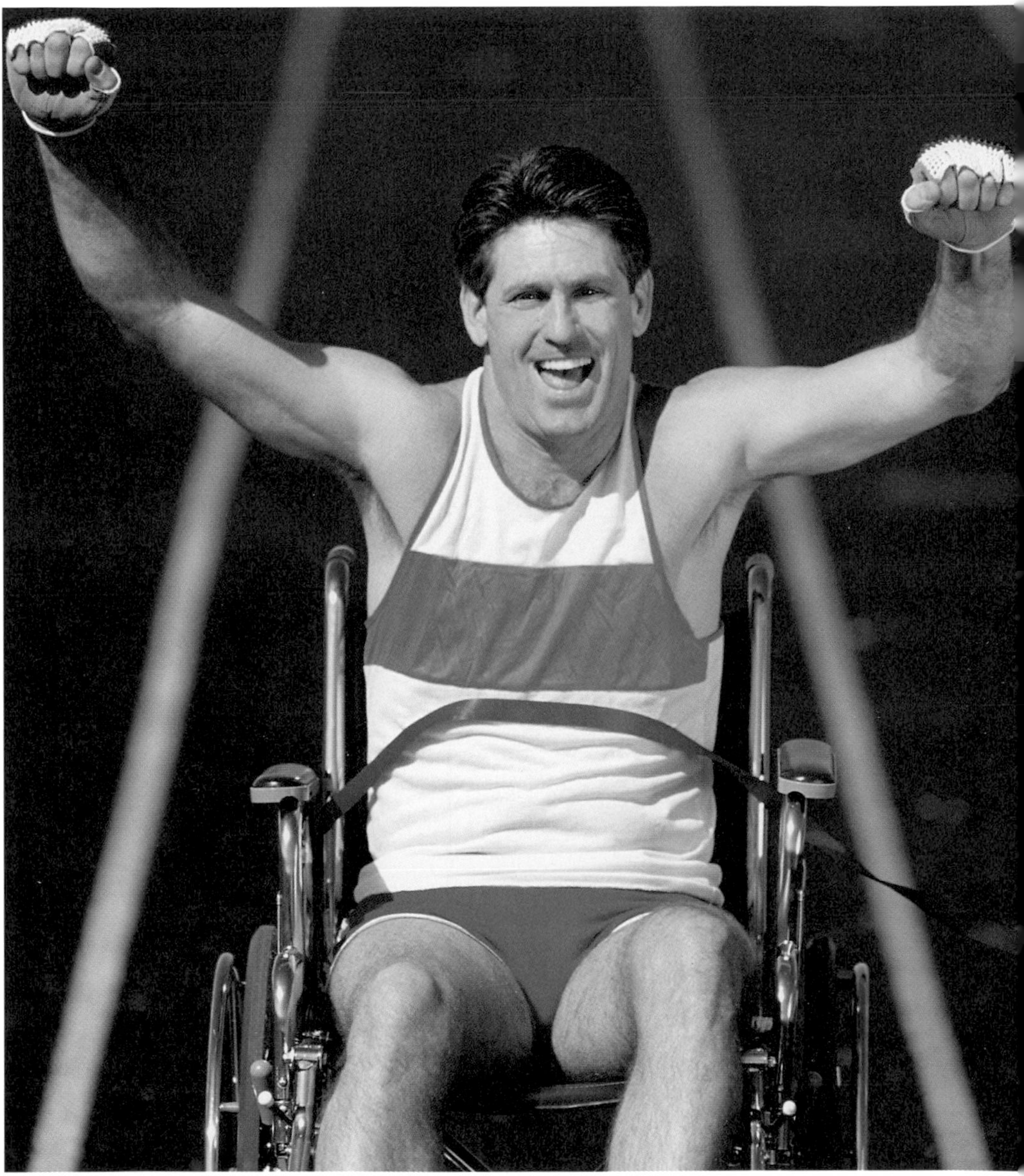

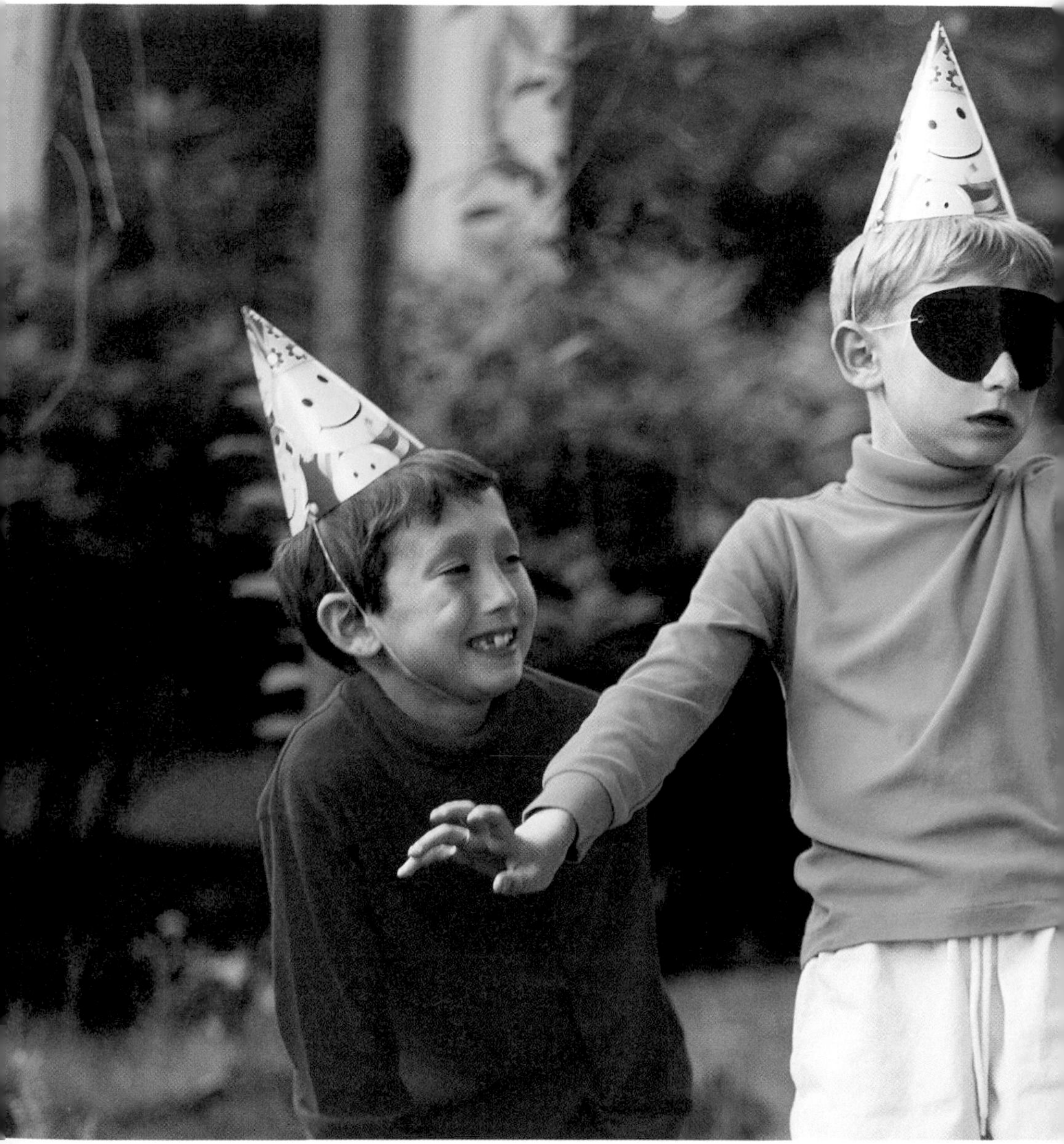

p

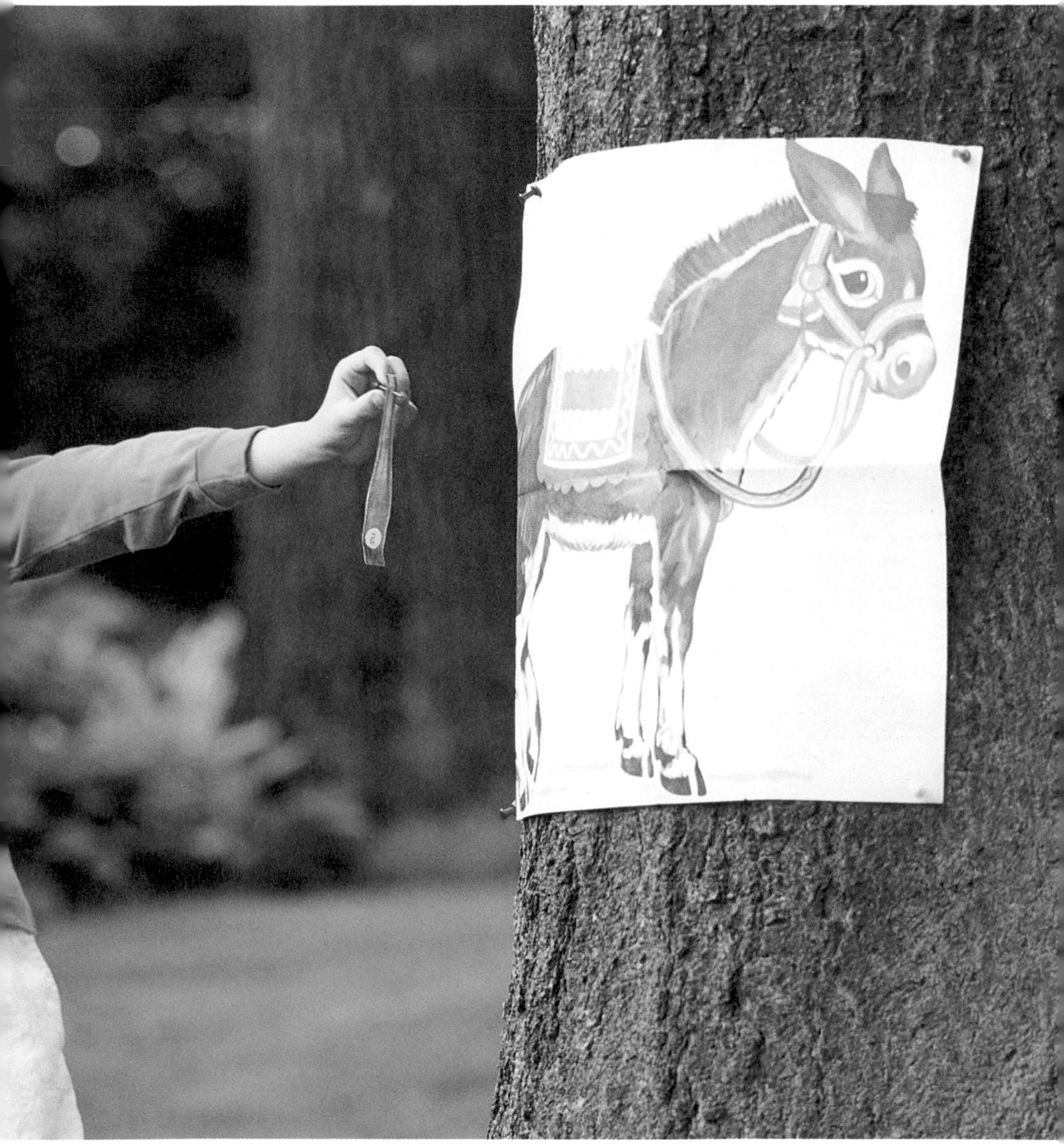

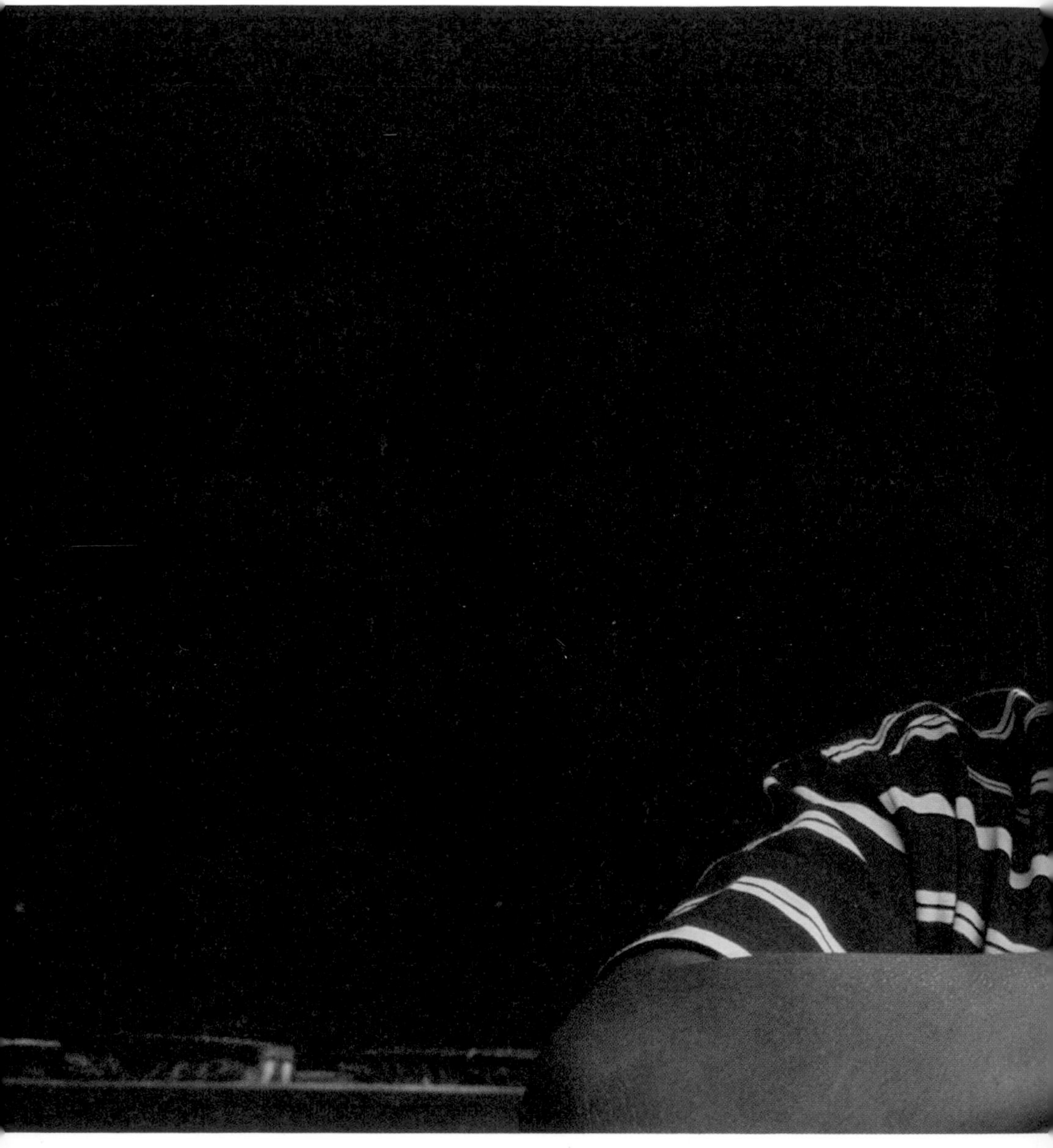

gr

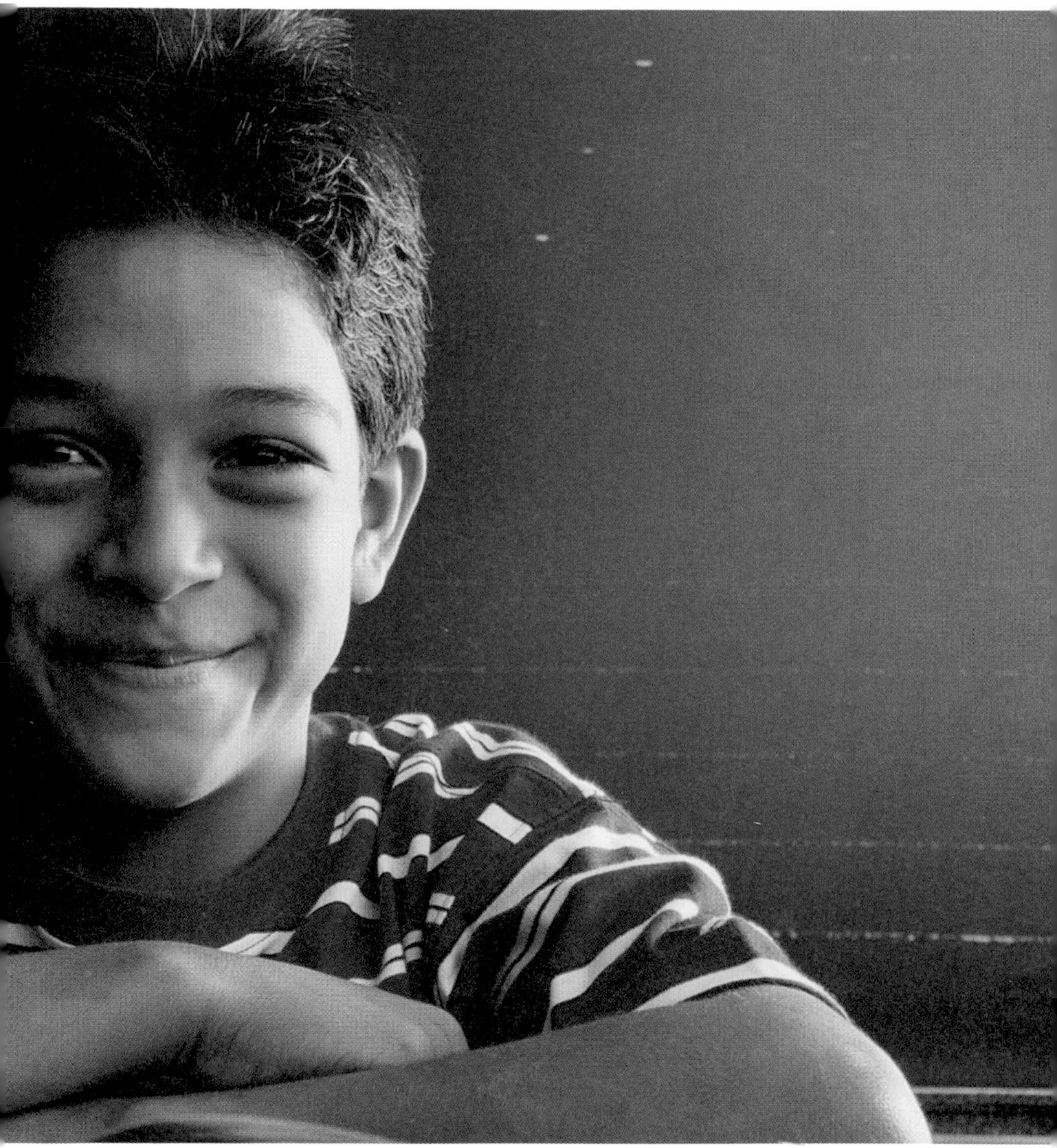

fin

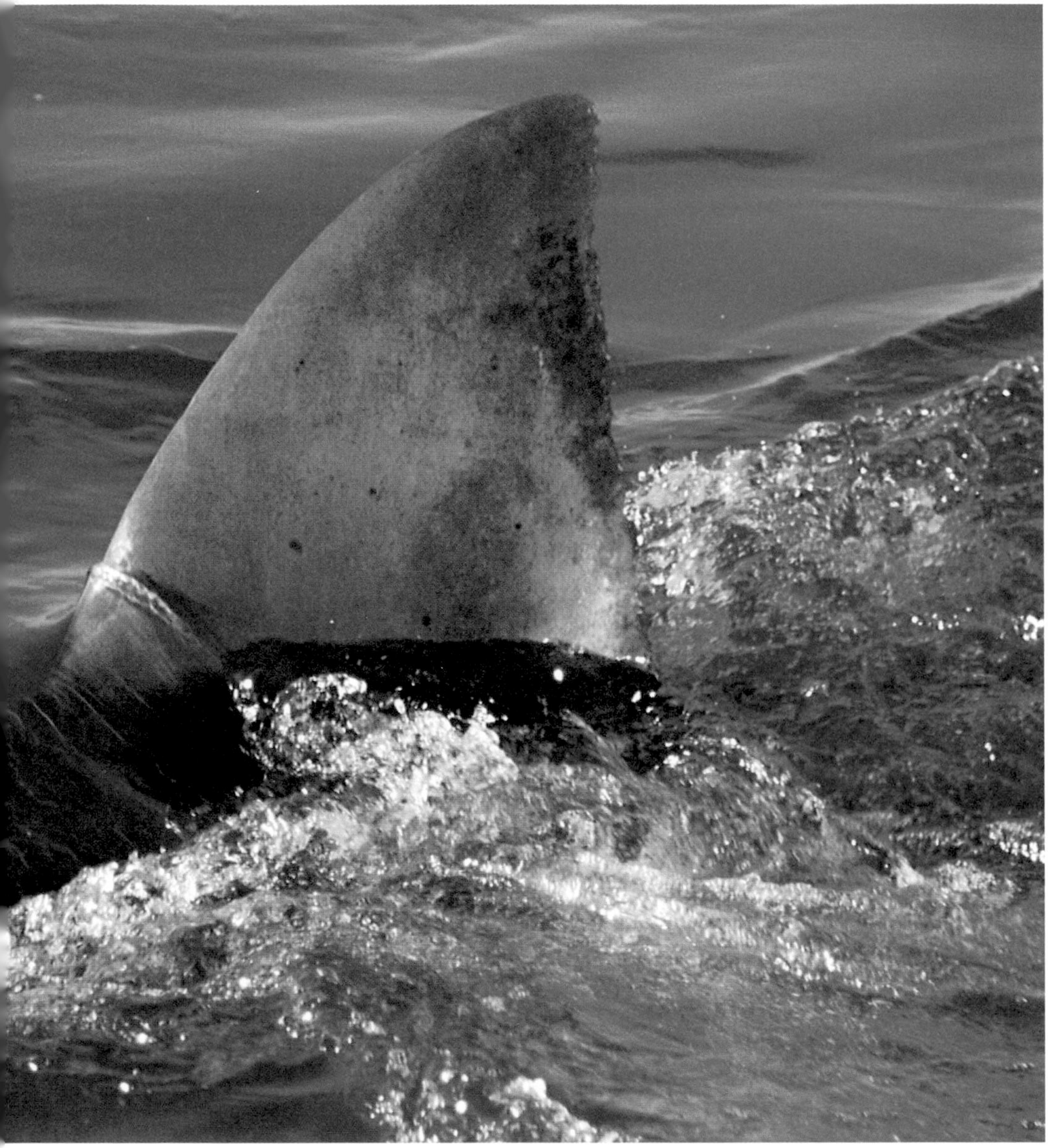

chin

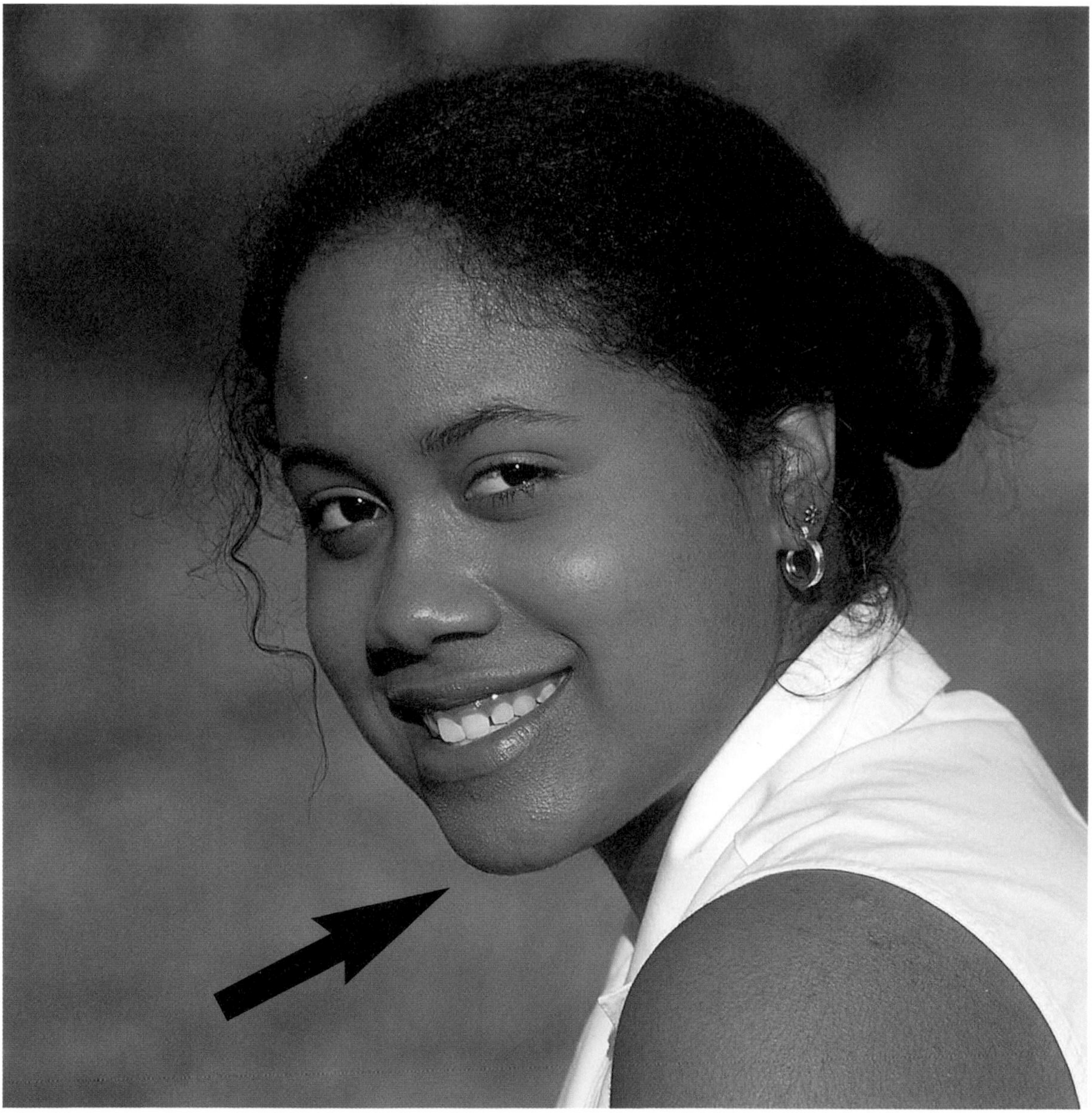